CW01656200

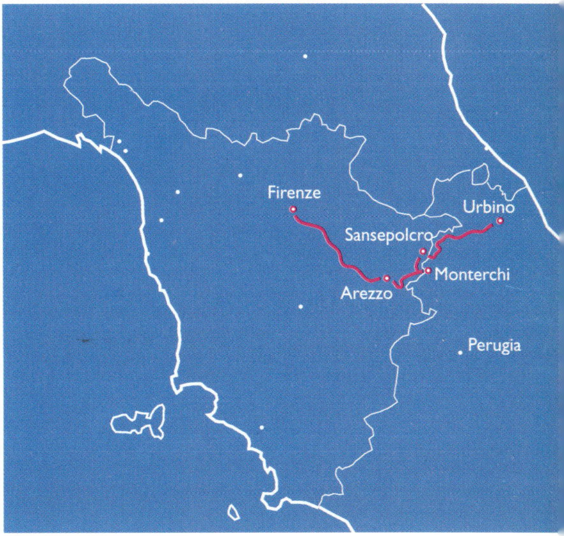

ISBN 88-86392-52-4

piazza Damiano Chiesa, 49 - 57124 Livorno
tel. 0586.867034 - fax 0586.869119

dirección editorial: *Maddalena Paola Winspeare*
design gráfico: *Laura Belforte*
redacción: *Federica Lehmann*
traducción: *Pilar López-Brea*

fotolitografía: *La Nuova Lito - Florencia*

foto: *Remo Bardazzi, Marco Rabatti*

Raffaele Monti

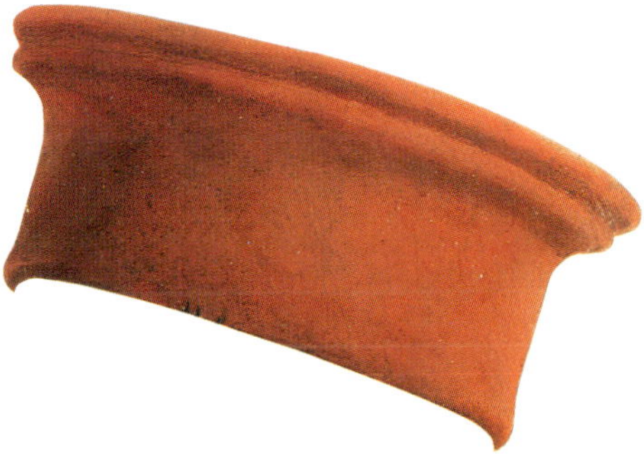

Lecturas e itinerarios

Piero della Francesca

Del
Díptico triunfal
de los Señores de Urbino
a la
Flagelación

sillabe

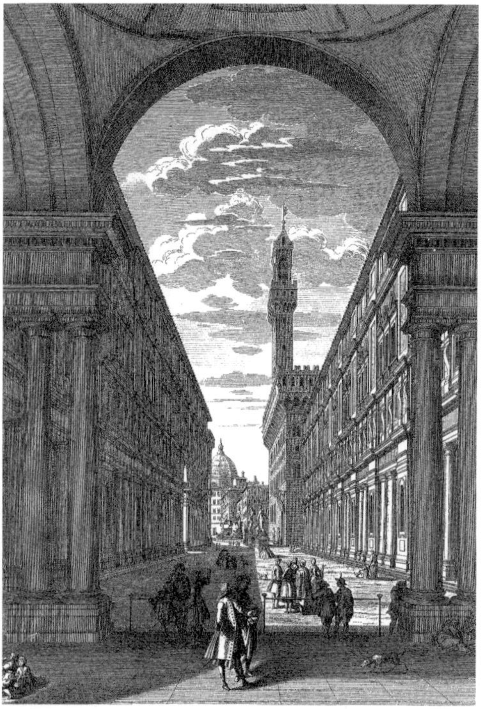

Giuseppe Zocchi, Vista de Los Uffizi desde el río Arno, *Florencia, Museo Firenze com'era.*

El díptico triunfal de los Señores de Urbino

Empezamos nuestro recorrido en los Uffizi, donde se encuentra el *Díptico triunfal de los Señores de Urbino.* A un lado están representados el *Triunfo de Battista Sforza* y el *Triunfo de Federico da Montefeltro*; al otro, aparecen los *Retratos de Battista Sforza* y de *Federico da Montefeltro*. En un principio los dos retratos estaban enmarcados y constituían un díptico portatil, con cierre "a libro". El inventario de Poggio Imperial de 1652, además de identificar erróneamente a los dos personajes como Francesco Petrarca y Laura, nos indica que las dos valvas se conservaban en un marco *"empernadas juntas"*. Esto lo confirma, entre otras cosas, el que la parte interior esté mejor conservada. Sin embargo, ya en 1692 éstas aparecían dentro de *"un ornamento desenmarcado en parte y todo dorado"*. El marco actual se remonta a 1835. Desde 1773 la obra se encuentra en la Galleria degli Uffizi y sólo en 1834 se consiguió identificar correctamente a los dos personajes.

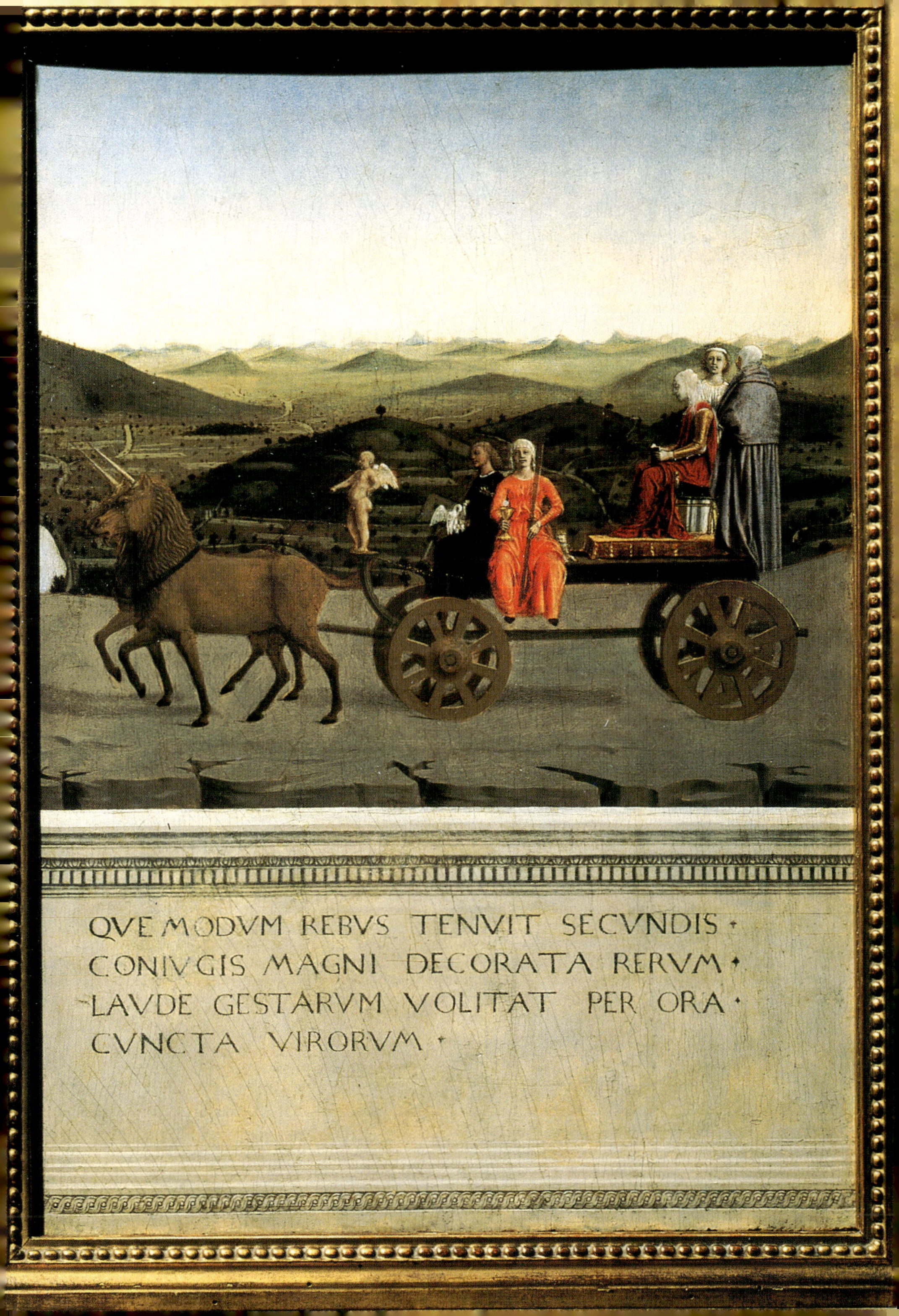
QVE MODVM REBVS TENVIT SECVNDIS ·
CONIVGIS MAGNI DECORATA RERVM ·
LAVDE GESTARVM VOLITAT PER ORA ·
CVNCTA VIRORVM ·

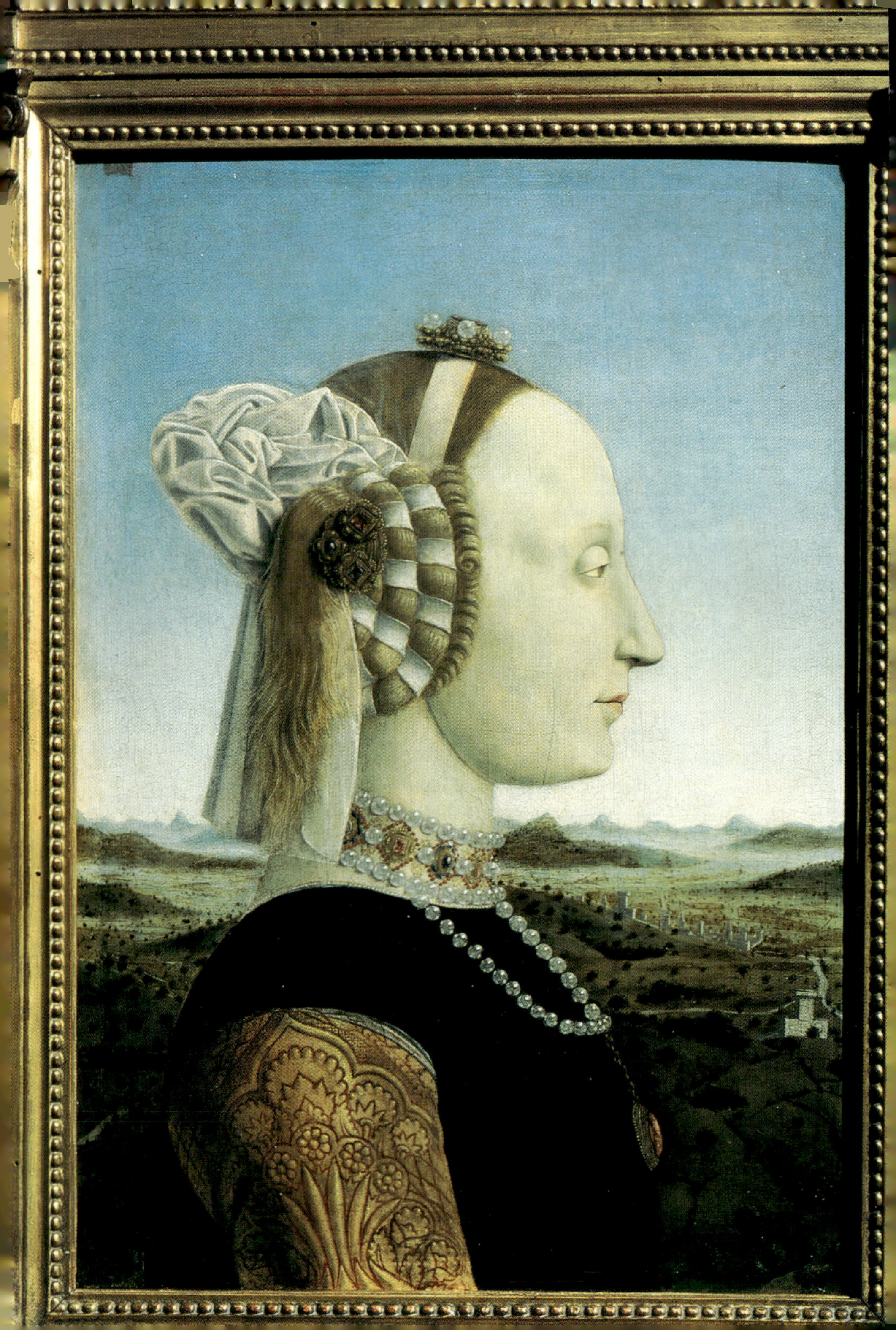

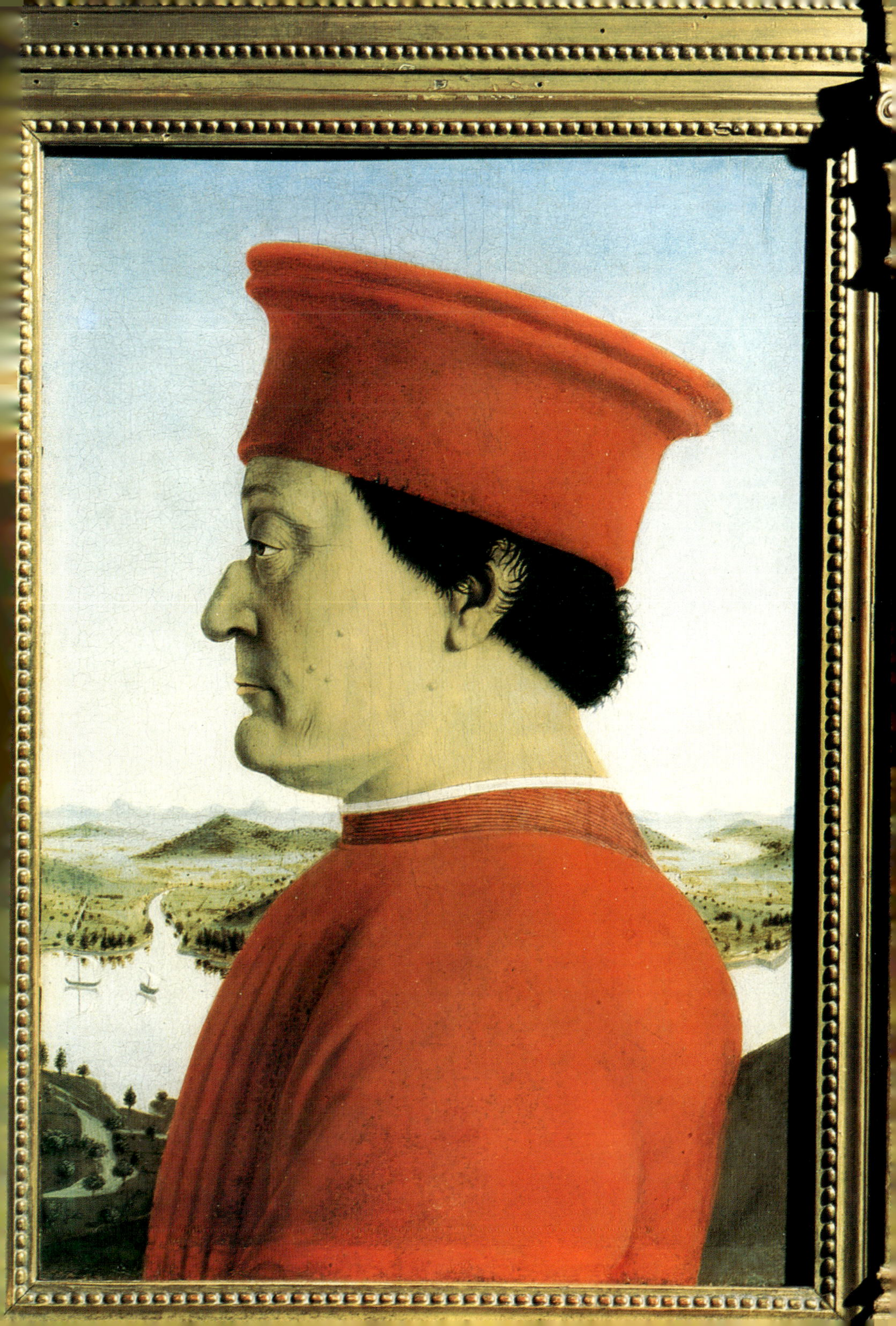

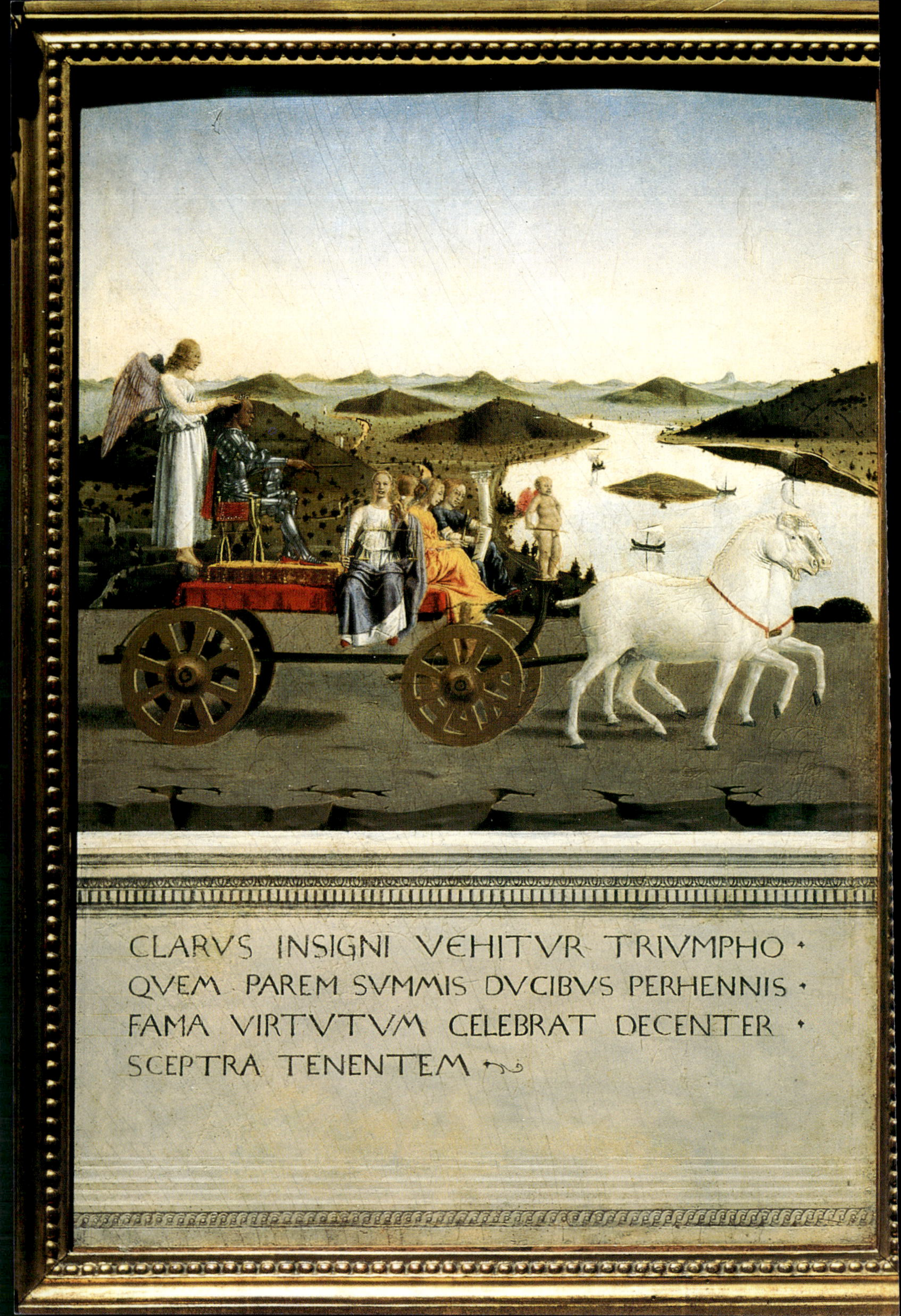
CLARVS INSIGNI VEHITVR TRIVMPHO ·
QVEM PAREM SVMMIS DVCIBVS PERHENNIS ·
FAMA VIRTVTVM CELEBRAT DECENTER ·
SCEPTRA TENENTEM

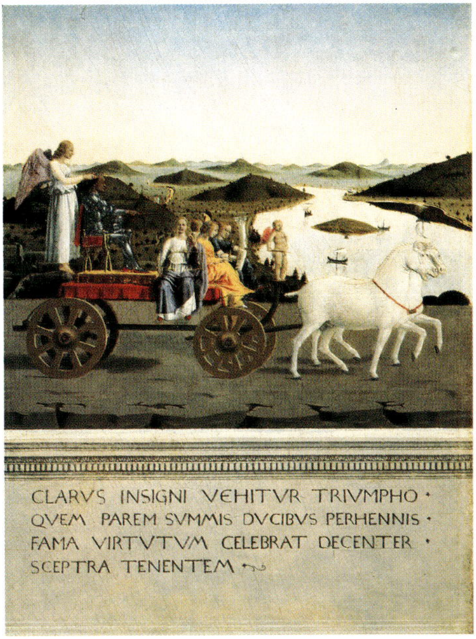

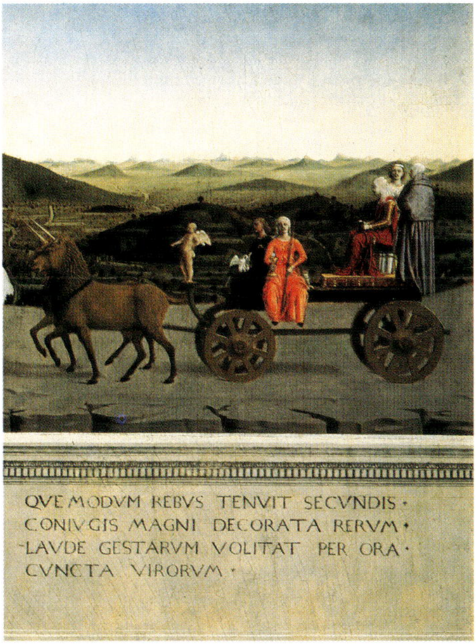

El destino y la singularidad estructural de esta obra, su perfeccion formal, nacida cuando la mente del artista se transforma en predicción de lo visible, hacen hoy difícil su plena comprensión, no obstante la minuciosa conservación museística actual.
De hecho el valioso marco del XIX acentúa la fragmentación del cuadro en cuatro imágenes separadas, de tal modo que el díptico acaba presentándose como un pequeño altar laico, desmontado y recompuesto dentro de un espacio extraño.
La obra, como se deduce por su decoración bilateral, había sido concebida como una obra aislada para ser colocada en un espacio practicamente vacío. Esto también lo puede confirmar la pequeña dimensión del marco original sobre el que se había puesto el pernio que unía las dos tablas. Solamente el restablecimiento de dicho marco – tarea bastante ardua – nos permitiría medir la distancia original que mediaba entre los dos retratos, distancia que hoy puede observarse sólo por un lado (*Triunfo de Battista Sforza* y el *Triunfo de Federico da Montefeltro*) gracias a la perfecta continuidad del paisaje del fondo, ligeramente interrumpido en el centro.

Dicho esto queda todavía sin resolver el problema principal, es decir, el de la movilidad de la obra y el desarrollo de las imágenes, cosa que ningún tipo de exposición museística puede plasmar. El artista tuvo en cuenta, como primera visión, la "fachada" con el *Triunfo de Battista*, donde el carro, en su marcha de derecha a izquierda, establece el movimiento de apertura de la "página", la cual muestra la parte interna del díptico con los dos retratos ducales. Se trata de una secuencia que presupone una visión absolutamente privada, dividida al menos en tres episodios.

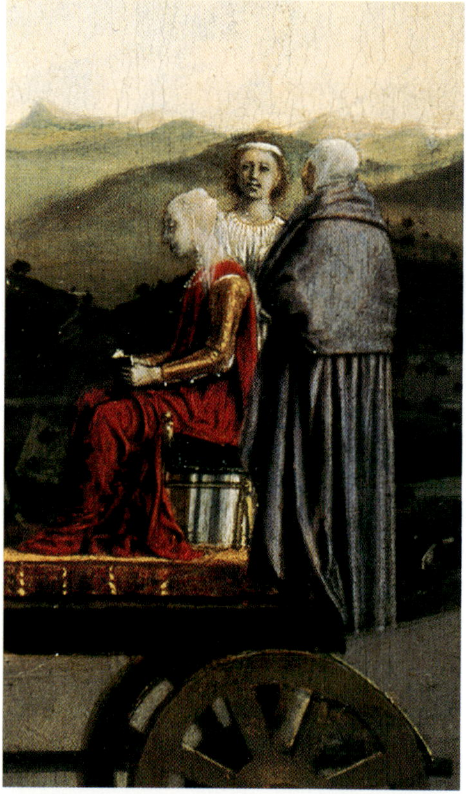

Si es imposible pensar en poder repetir en un museo el desarrollo que Piero había previsto, es igualmente impensable devolver a la obra aquel espacio privado – de estudio o de habitación – en función del cual el artista creó el díptico. En éste, por la derecha, se puede captar la fuente de luz que une a las dos imágenes. En realidad, dicha fuente está ya dentro de la obra; es más, sirve para diferenciarla del ambiente que la contiene, con su luminosidad ocasional.

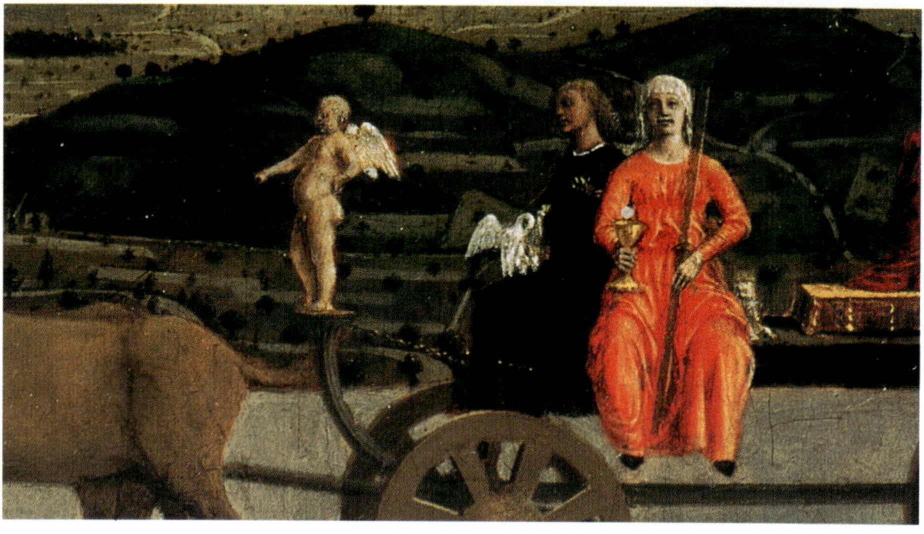

Considerando todo esto, pasemos a la lectura del cuadro, respetando la sucesión de las cuatro imágenes.

En primer lugar, abajo está representada una lápida en la que se ilustran las virtudes de Battista Sforza, segunda esposa del duque Federico. Una línea de la inscripción – "QUE MODUM REBUS TENUIT SECUNDIS" – atestigua, también por el uso del pretérito "tenuit" ("mantuvo") que el cuadro fue realizado después de la muerte de la duquesa, ocurrida en 1472, año al que la crítica, casi unánimemente, remonta la realización del díptico.

Después, sobre la lápida, se distingue un camino que, puesto en relieve gracias a la alineación de las piedras, muestra un carro triunfal que avanza. Battista está sentada leyendo flanqueada por dos virtudes teologales; otras dos virtudes están sentadas en los bordes del carro que, arrastrado por dos unicornios, conduce Amor. Esta última figura constituye una especie de *trait d'union* entre el casto erotismo simbolizado por el unicornio y la representación en negro de la Caridad, la cual lleva en su regazo un pelícano, símbolo del sacrificio del amor materno. De hecho, Battista murió de parto. El horizonte se abre a lo lejos y cada personaje del grupo triunfal se nos muestra recompuesto gracias al variable perfil de las colinas.

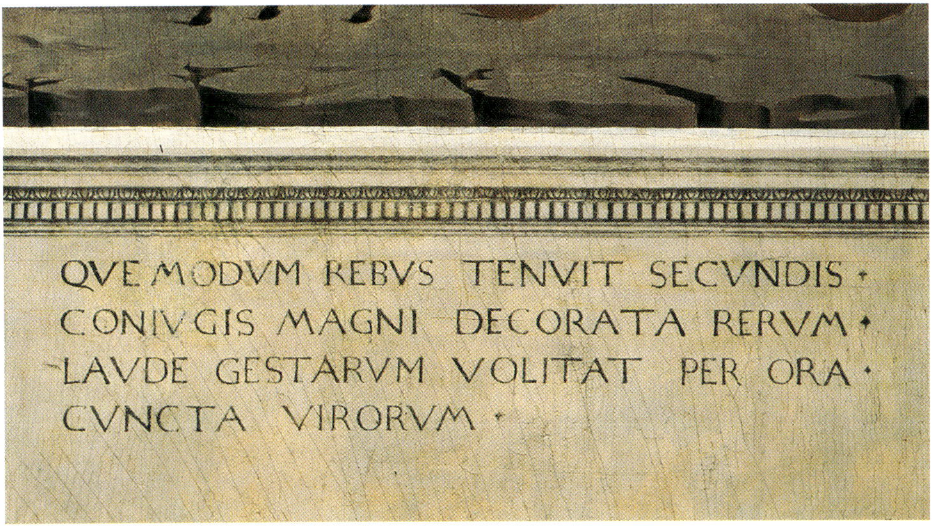

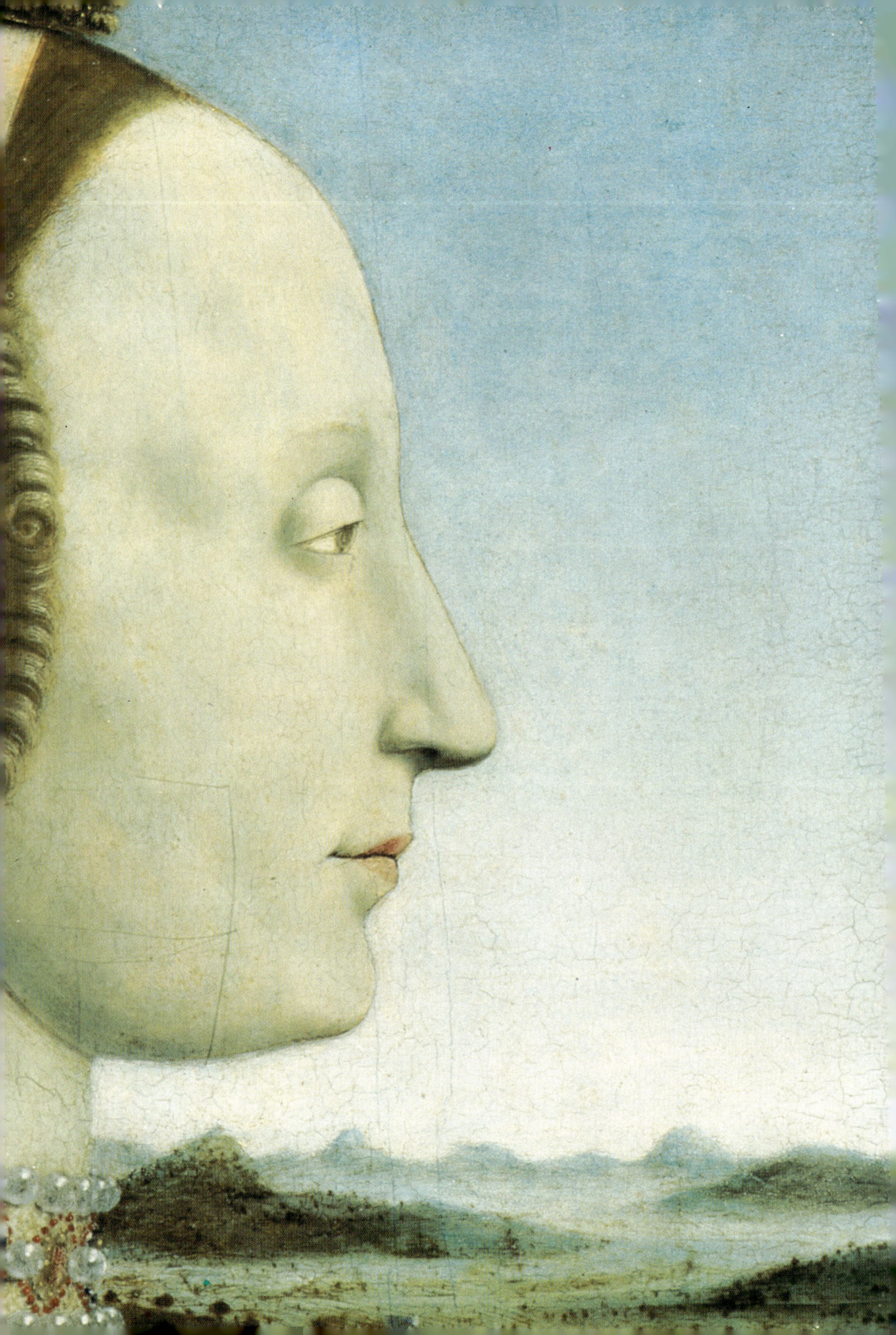

La primera imagen que aparece "a libro abierto" es la de Battista. Aquí el efecto de "total luminoso" constituye el canal emotivo del retrato. La perfección del perfil se ajusta al fondo que corre detrás de la figura, aunque el vasto paisaje sólo tiene la función de aislar todavía más la cabeza de la duquesa en la profundidad del cielo. Este perfil "a medalla" fue elegido por Piero – quizá tras la huella de Pisanello – precisamente para acentuar el fin celebrativo de la obra. Por otra parte, esta impostación es uno de los dos puntos de vista privilegiados que, respecto a la medida estereométrica de la cabeza humana, el mismo Piero tiene en cuenta en dos páginas de su tratado *De prospettiva pingendi* (ff. 81r-82v). Los contornos que contienen el perfil de Battista determinan una rotación volumétrica perfectamente inscribible en una esfera donde el plano de profundidad y de emergencia se ven ligeramente esbozados en la luminosidad celeste. El límite del perfil "sigue" el giro del volumen, que resulta englobable en una esfera cuyos planos de profundidad y de emergencia se muestran regulados en la luminosidad celeste.

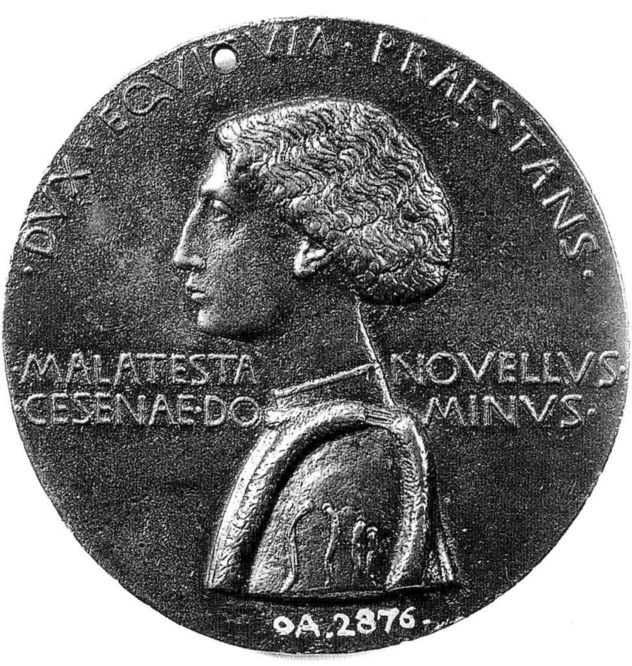

Pisanello, Medallón de Malatesta Novello, *bronce, 1445 aprox., París, Musée du Louvre.*

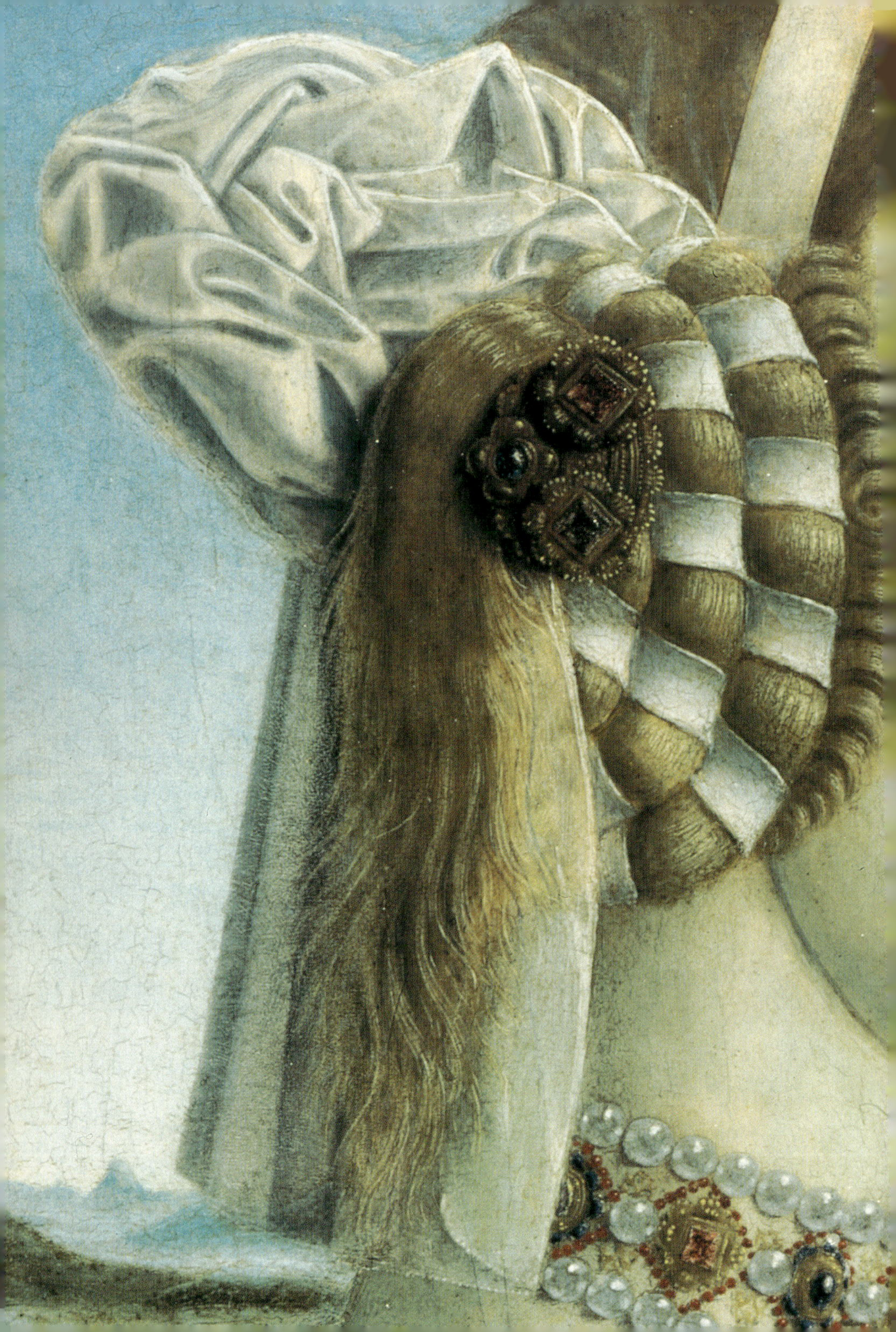

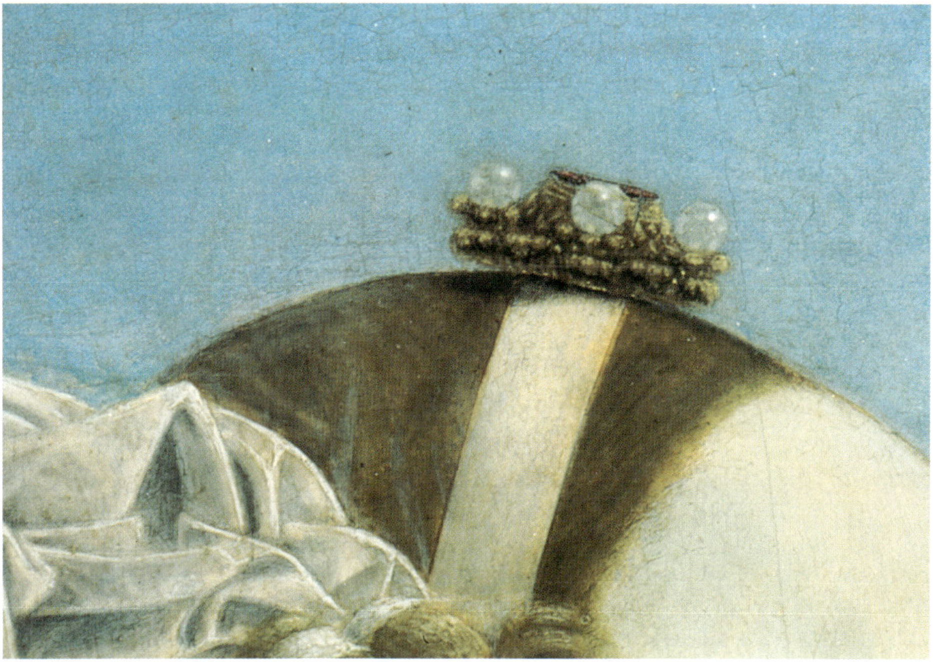

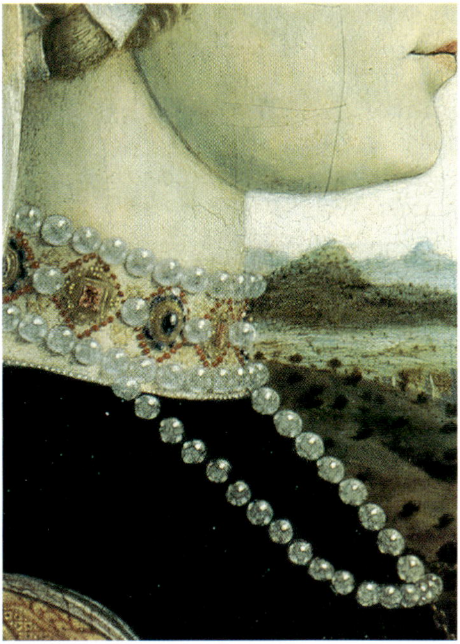

Esta especie de "gran frasco vítreo" (Roberto Longhi) precisamente por el desgrane, el movimiento y la caída de las perlas se muestra en perfecta sintonía con la estructura del busto envuelto en la sombra del paisaje. Incluso la rotación del peinado entorno a la joya frontal se exalta en el increíble remate de pliegues detrás de la cabeza. Ésta detiene la imagen a la izquierda, pero al mismo tiempo imprime un movimiento imperceptible que, gracias al rostro diáfano de Battista, proyecta idealmente el volumen total hacia la imagen del duque. La sutil tensión, sostenida por la concavidad meditativa de la mirada que se dibuja en el rostro de la duquesa, tiene el fin de absorber el efecto de aumento de las proporciones de Federico, acentuado por la línea curvada del sombrero.

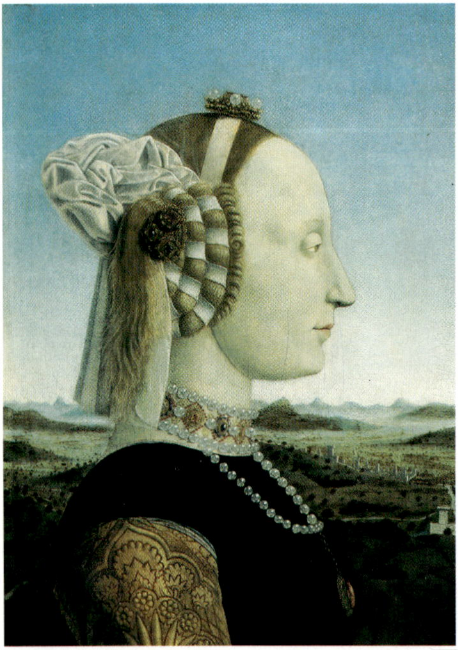

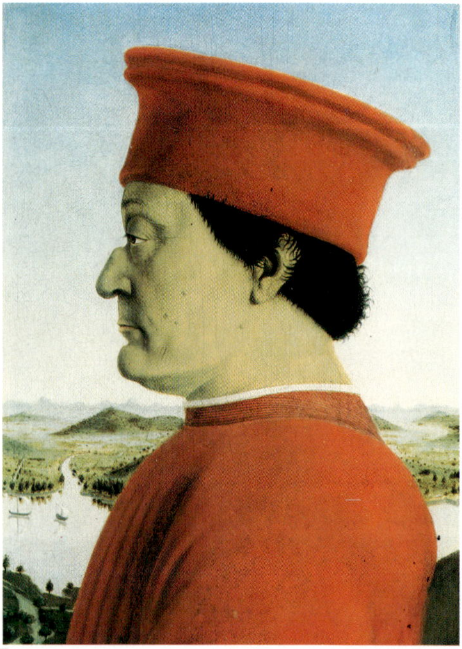

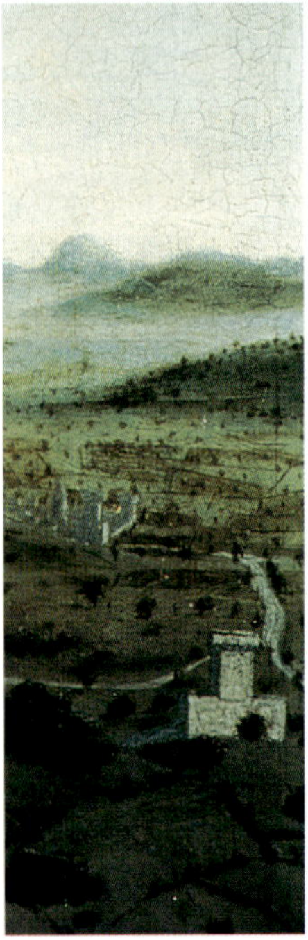

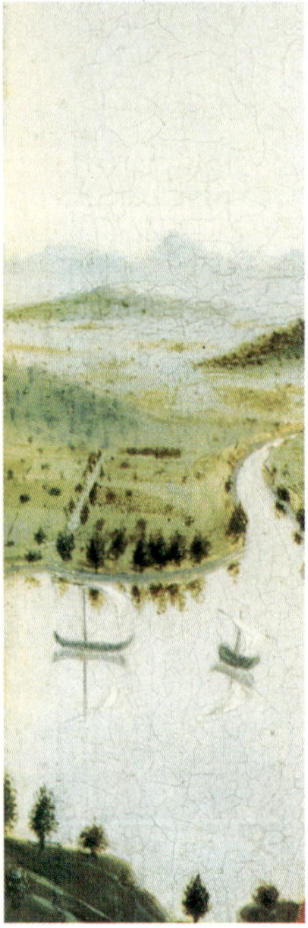

A la línea continua del horizonte y a la contigua de los dos mentones el artista ha confiado la tarea de consolidar el equilibrio entre los dos retratos, un equilibrio que se refleja muy bien en el hecho de que el duque, y marido, no emana "luz" sino que queda uniformemente sumido en dicho equilibrio. Se le concede así al pintor la posibilidad de expresar los signos naturales de la fisionomia humana: las arrugas, las sombras de la estructura ósea... etc.
Por tanto, es evidente – y pareció clarísimo después de la última y espléndida restauración – que la sustancia luminosa que encarna a las dos figuras se orifica en la volumetría del retrato de Federico.

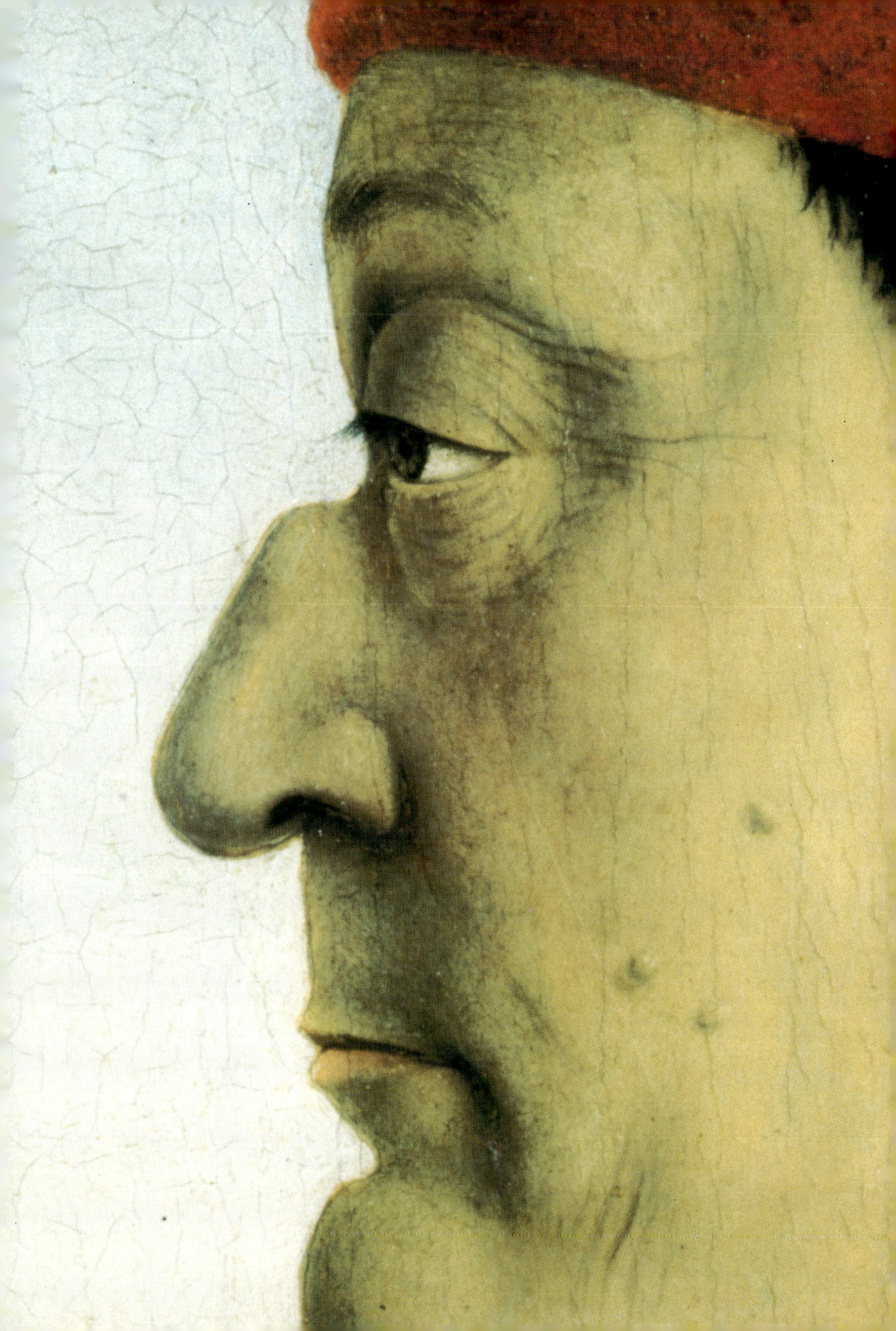

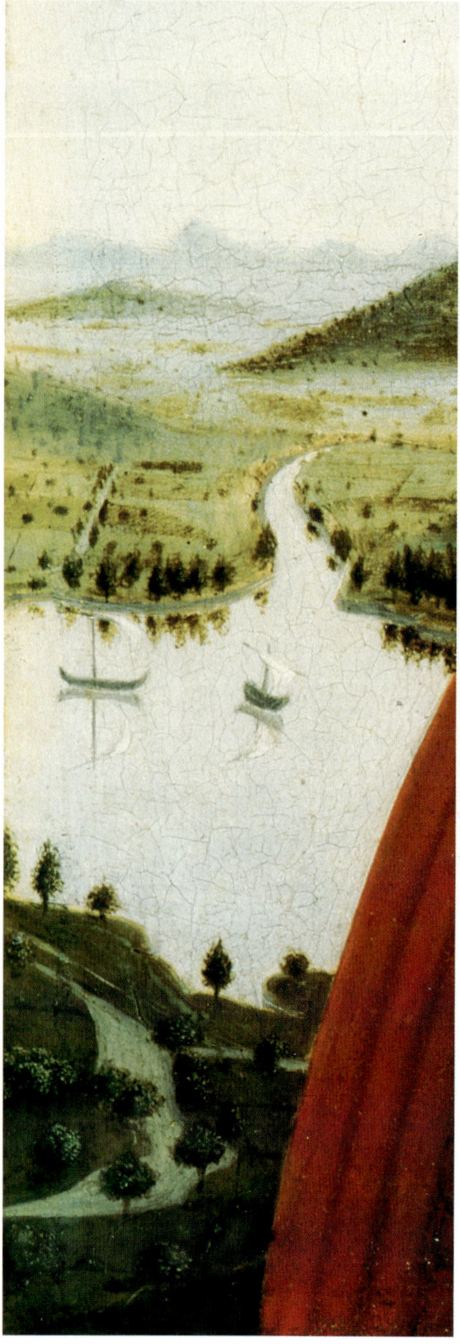

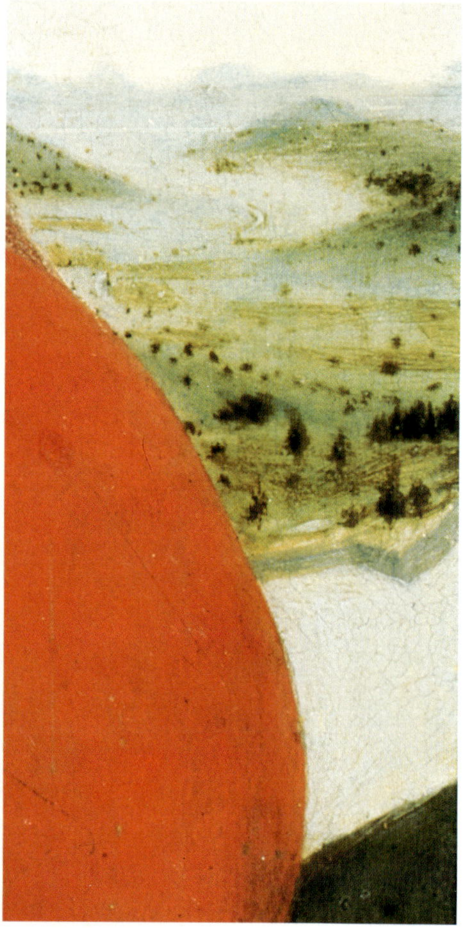

El carácter profundamente meditativo y heroico del duque nace directamente del reflejo opalino de Battista, de un "poder mental y amoroso", es decir, del mismo desarrollo figurativo, y no de las dos miradas que se encuentran según una línea geométrica. Por eso, el "crecimiento" de la figura masculina al fondo no aparece como una prevaricación, no rompe o desplaza en lo más mínimo el equilibrio de conjunto. Quizá también el curso del agua, abajo a la derecha, indica esta continuidad de recorrido.

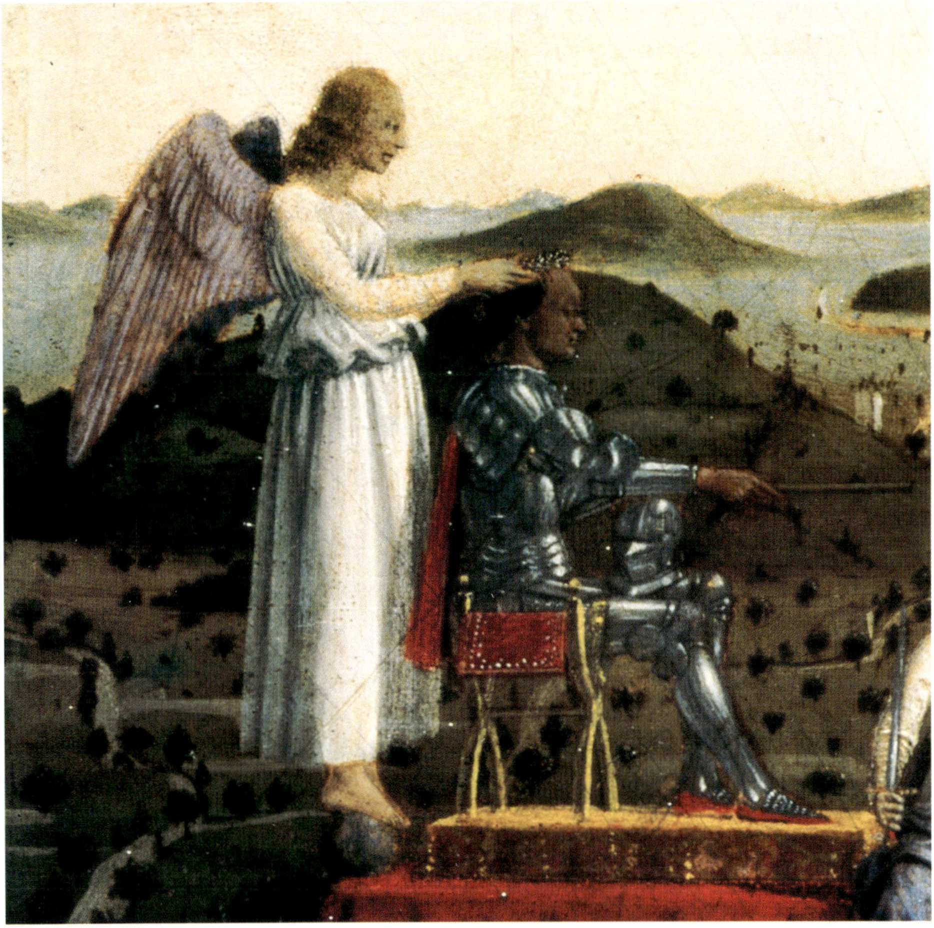

Por último, el díptico, cerrándose, revela el *Triunfo de Federico*. Aquí, las virtudes teologales guían el carro arrastrado por caballos blancos mientras que la Victoria corona al triunfador según una composición que tiene un movimiento perfectamente simétrico al *Triunfo de Battista*.

Del conjunto resulta que el potencial luminoso de los retratos aparece de modo inversamente proporcional al de los Triunfos. De hecho, mientras que en el triunfo ético-heroico de Federico el potencial luminoso se presenta más fuerte, en el de su esposa recién muerta la luminosidad se ve ligeramente empañada, incluso en el colorido de los unicornios de las Virtudes.

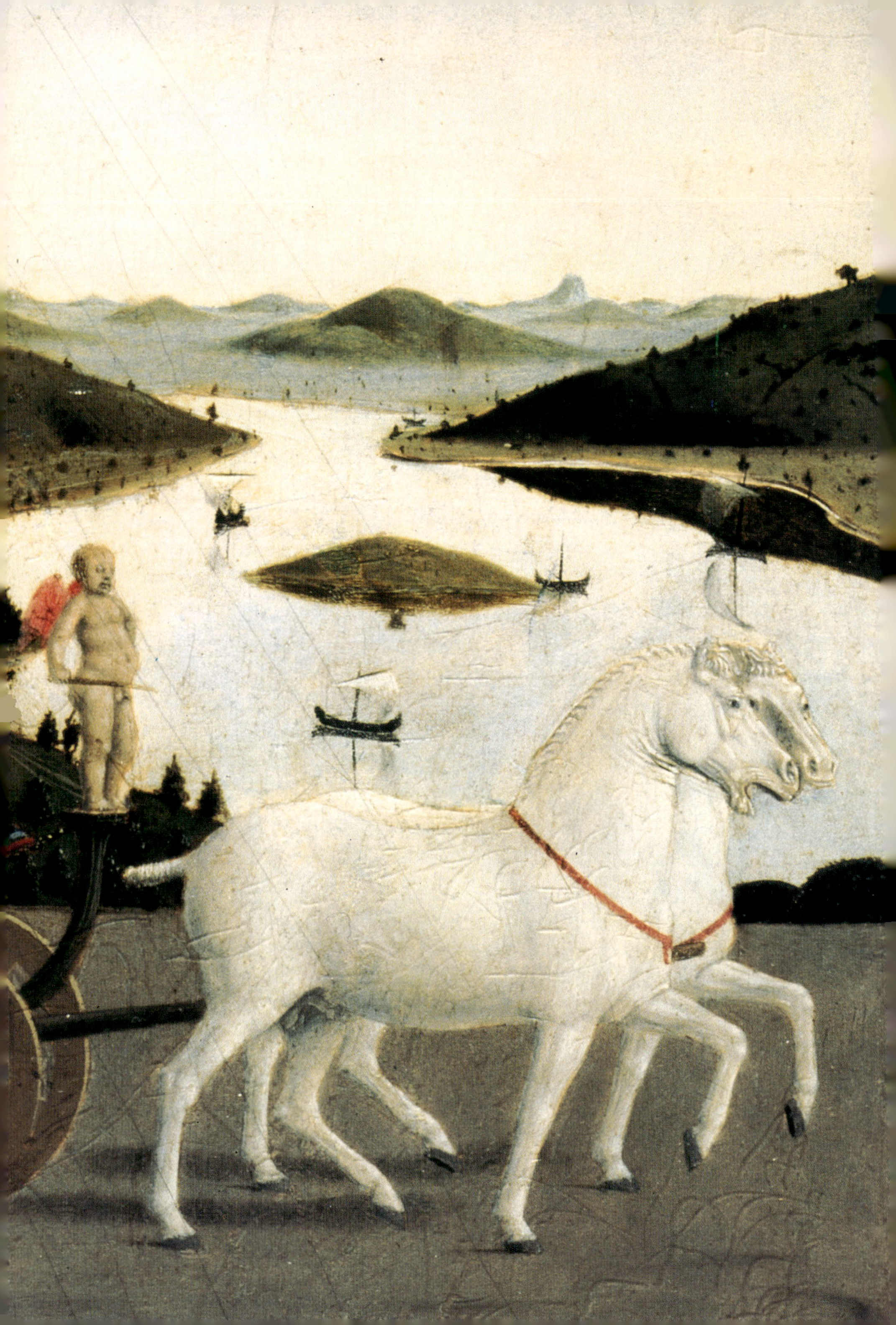

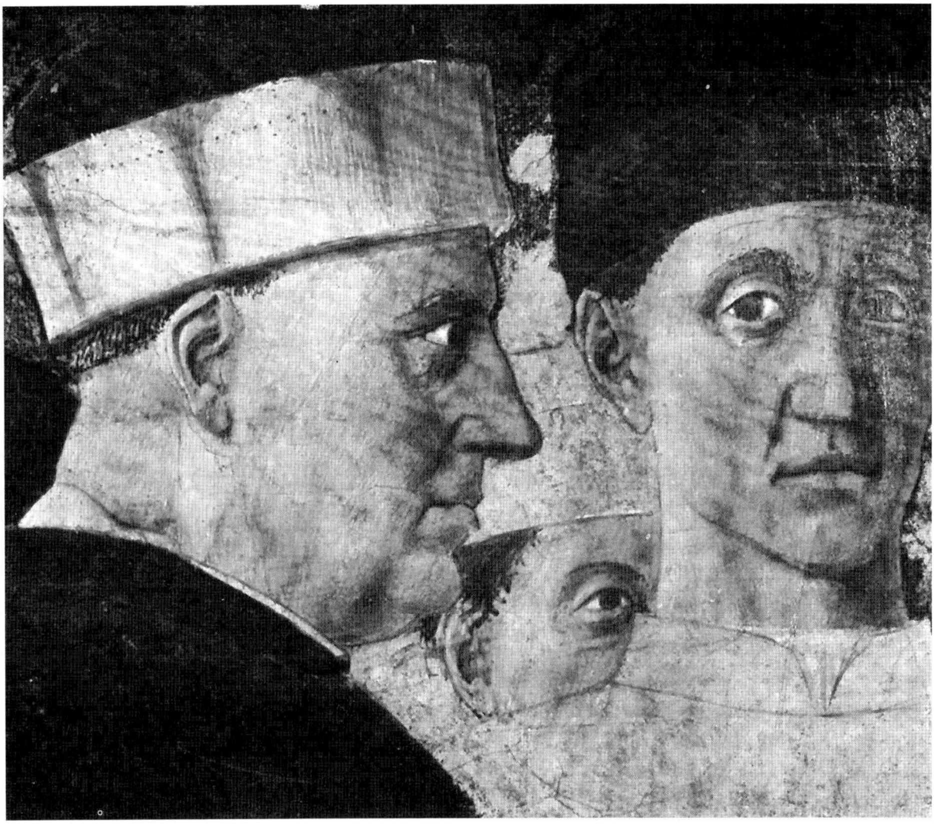

Un itinerario: de Florencia a Urbino

Arriba:
Autorretrato, *detalle de los frescos de la* Leyenda de la Vera Cruz, *Arezzo, iglesia de San Francesco.*

El díptico es la única obra de Piero conservada en Florencia. Si en la ciudad toscana, pues, los únicos rastros que hay de la actividad de Piero son apuntes, al visitante le queda todavía la posibilidad de recorrer el itinerario pierfranciscano entre Toscana y Umbria. Se trata de una experiencia emocionante e irrepetible que, ya casi desde hace un siglo, nos revela la grandeza del artista. Remontando el Arno, casi en su nacimiento, para después adentrarse hacia Perusia y Urbino, en las cortes de esas pequeñas ciudades, excéntricas respecto a la vía principal del actual consumo turístico, se pueden captar los signos de una actividad artística que representa uno de los vértices de la cultura figurativa occidental, además de constituir testimonio de la que Jacob Burckhardt definiría como unidad entre vida y meditación.

San Francesco en Arezzo

Retrocediendo hacia los orígenes pierfranciscanos, en la iglesia de San Francesco en Arezzo se encuentra el gran conjunto de frescos en la *Leyenda de la Vera Cruz*, en parte recientemente restaurado, terminados antes de 1466. Éstos representan el corazón de la actividad del artista no sólo porque se sitúan en una posición central dentro de su biografía, sino sobre todo porque son el único "conjunto" figurativo de Piero que nos ha quedado. En general, estos frescos testimonian abundantemente el nuevo modo de relacionar el punto de vista, el recorrido y la medida armónica dentro de un espacio que permite al observador captar la dinámica de la representación en su estructura interna y externa.
Quien quisiera realizar la lectura de esta página extraordinaria de nuestra civilización figurativa, donde la narración de la leyenda de la Vera Cruz se conjuga con la intención de incitar a los cristianos a la cruzada contra los Turcos tras la caída de Constantinopla, debería tener en cuenta en qué medida Piero concibe la "regla" y el transcurso de las imágenes como reflejo de una visión universal. Se trata de una concepción que es visual y emocional – piénsese en el esplendor del paisaje –. Sin embargo, para ser captada totalmente tiene que identificarse con su última sustancia, es deir, con el poder del hombre moderno de definir y variar las reglas de la representación del mundo.
De ello deriva un modo pictórico extremadamente arduo, tendido entre la perfección de las mutaciones armónicas y la "materia" misma" de la pintura. En sustancia: estamos frente a la esencia de esa "pintura de luz" que es capaz de marcar perfectos volúmenes en el espacio, aun sin privar a cuerpos o paisajes de esa luz en virtud de la cual, – como hemos visto anteriormente a propósito del díptico – éstos se recortan como cuerpos dentro del espacio.

El encuentro de Salomón con la reina de Saba, *detalle de los frescos de la* Leyenda de la Vera Cruz, *Arezzo, iglesia de San Francesco.*

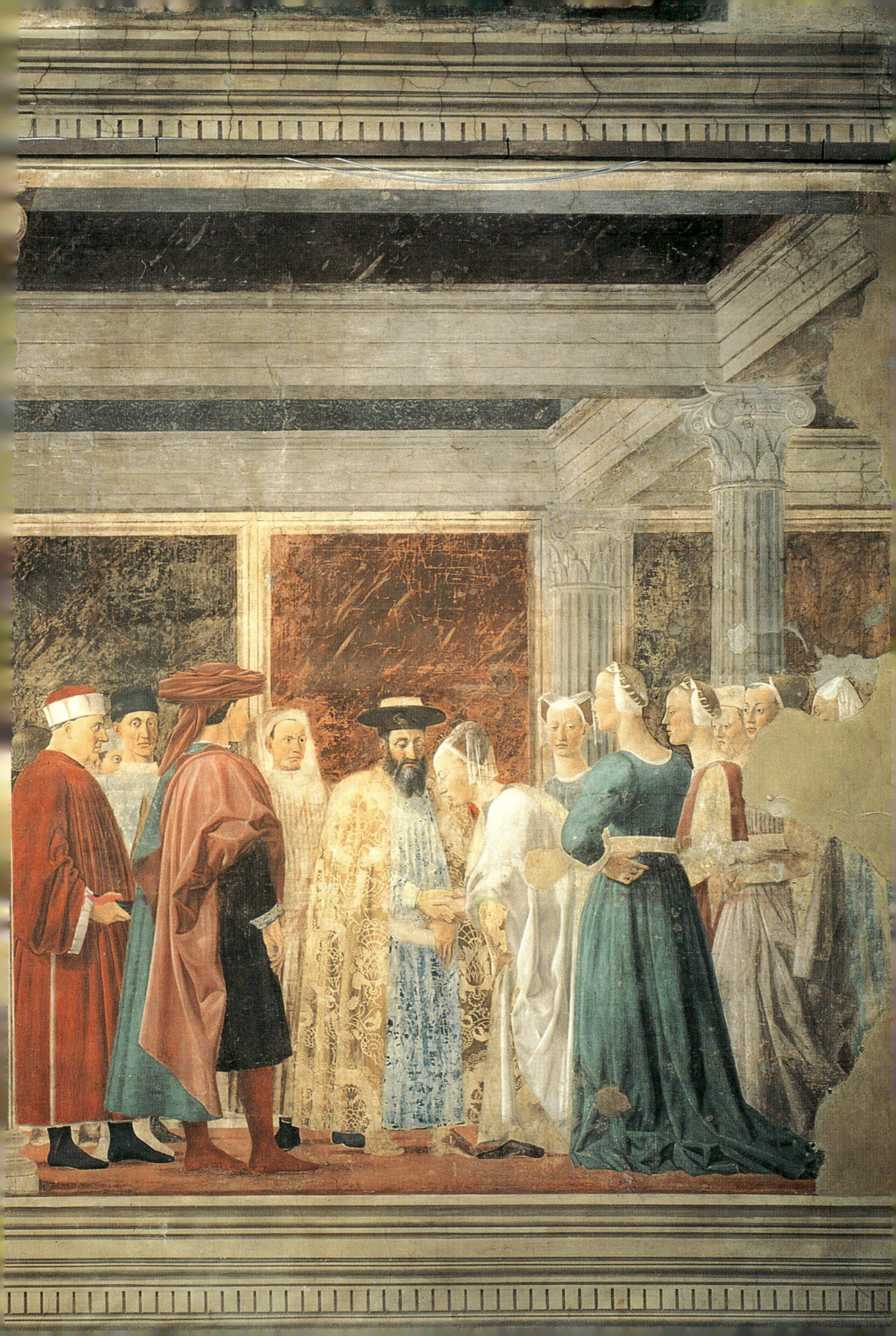

Duomo de Arezzo

Siguiendo en Arezzo, esta vez en el Duomo, se encuentra la *Magdalena* adosada y en parte disminuida por la recomposición de la famosa tumba Tarlati (1783). Sin fecha concreta, hacia 1452 o 1466 e incluso después, el fresco, aun definido en un espacio aparentemente ocasional, tiene un atractivo extraordinario gracias a esa relación estrecha y volumétricamente perfecta que existe entre la mirada y el brazo que levanta el manto, de modo que este último casi parece tener la función de cerrar en un espacio luminoso la hendidura através de la cual se distinguen los pliegues de la ropa.

Magdalena, *fresco, cm 190 × 80, Arezzo, Duomo.*

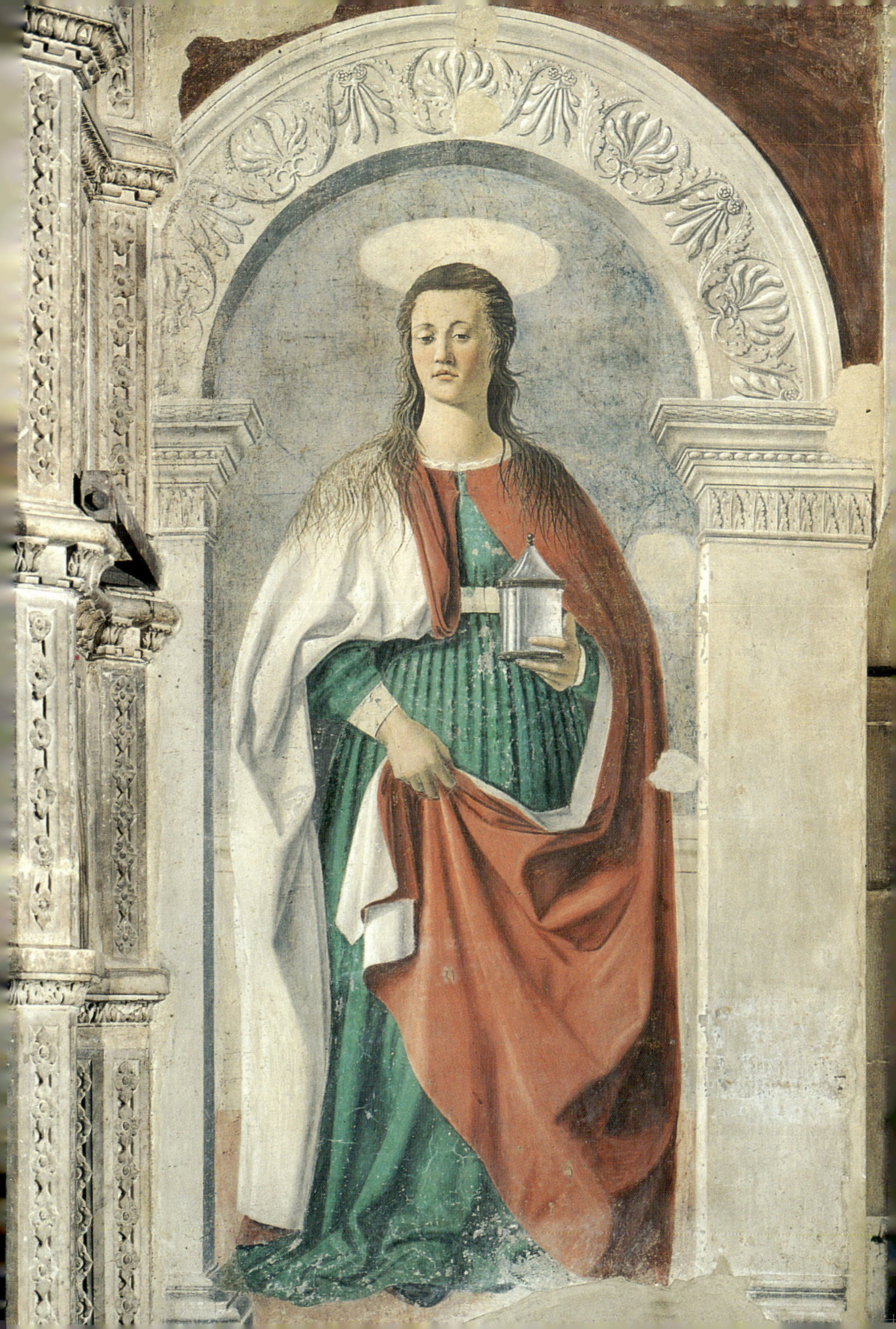

Monterchi

Si nos remontamos hacia el nacimiento del Arno, encontramos en Monterchi, villa en plena colina, otra celebérrima obra maestra de Piero, es decir *La Madona del Parto*, que renueva el milagro de esta última medida formal y de su enorme atractivo. Realizada probablemente antes de 1467, la última restauración, escolásticamente "filológica", ha quitado a esta obra maestra el vértice del montaje circular que, aunque retocado, respetaba la estructura original de la obra. Además, el actual y discutible arreglo parece haber dificultado la comprensión incluso de las distancias através de las cuales se supone que la obra debiera leerse. Gracias a investigaciones recientes hoy sabemos que la iconografía de la Madona encinta no era tan rara en aquellos tiempos y que sólo a partir de la Contrarreforma este tema fue explícitamente prohibido.

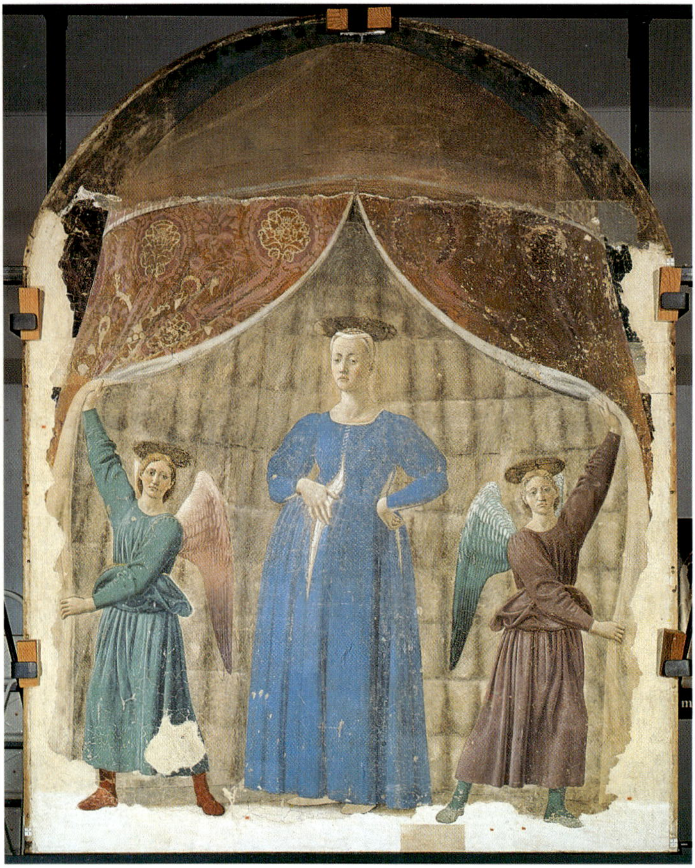

Madona del Parto, *vista antes y dispués de la restauración reciente, fresco separado, cm 206 × 203, Monterchi.*

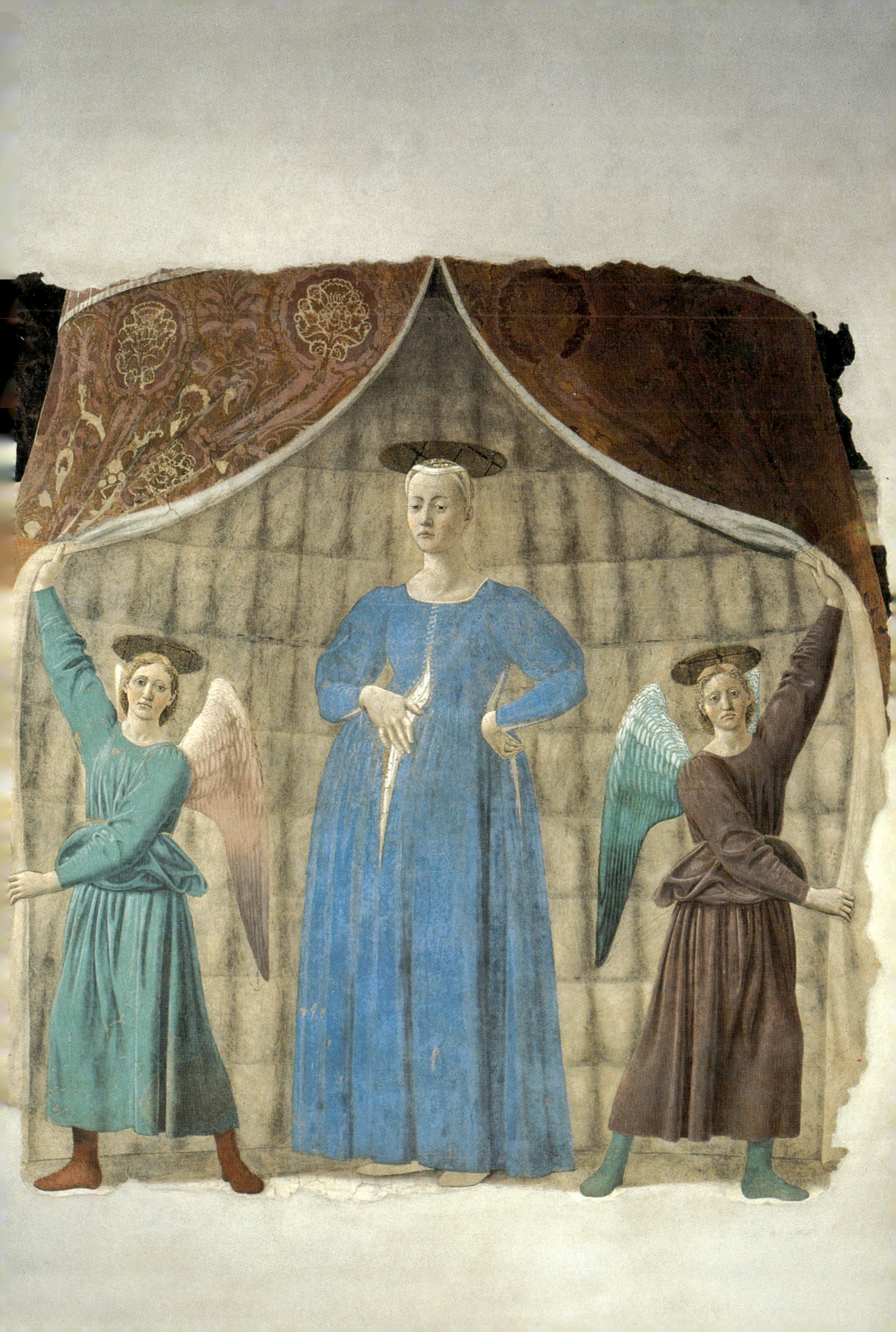

Sansepolcro

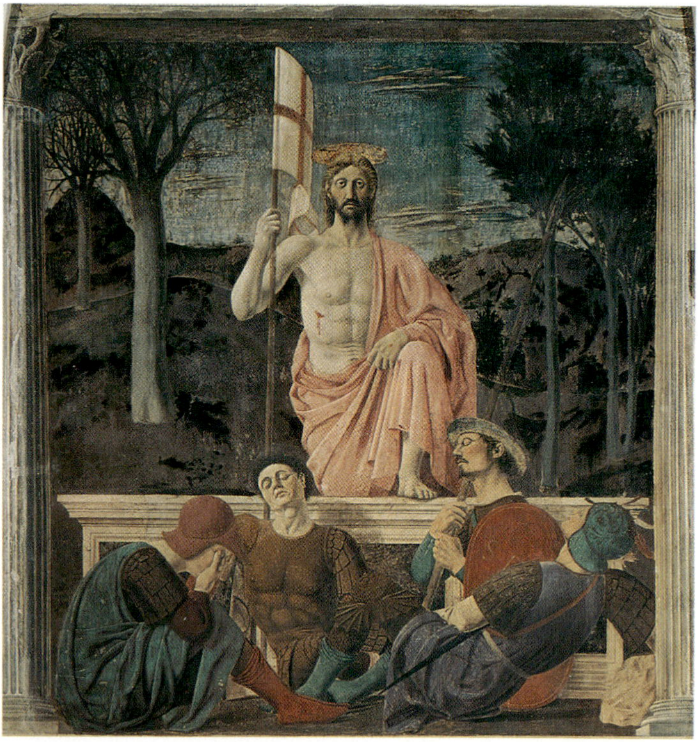

Resurreción de Cristo,
pintura mural,
fresco y témpera,
cm 225 × 200 aprox.,
Sansepolcro,
Pinacoteca Comunale.

Al lado:
Políptico de la Misericordia,
pintura sobre tabla,
cm 330 × 273,
Sansepolcro,
Pinacoteca Comunale.

San Jerónimo,
fresco separado del ábside de la iglesia de Sant'Agostino en Sansepolcro,
cm 130 × 105,
Sansepolcro,
Pinacoteca Comunale.

Pocos kilometros más allá de Monterchio se encuentra San Sepolcro. Aquí, hasta 1857, y antes en el Priorato de San Giovanni Battista, es decir, en el Duomo (1807), se conservaba la que los críticos, Longhi *in primis*, consideran la primera obra conocida de Piero, es decir el *Bautismo de Cristo*. El cuadro a témpera sobre tabla fue vendido en 1857 y desde 1861 se encuentra en la National Gallery de Londres. Por lo que respecta a la datación hoy los estudiosos están divididos: algunos, como Longhi, se inclinan por 1440, otros incluso por 1460 y 1465.

De todos modos, en el Palazzo Comunale de San Sepolcro (hoy Pinacoteca), en cuyas paredes Piero pintó *La resurrección de Cristo* – fresco que Vassari considera la mayor obra del pintor – se halla recogido un pequeño pero importantísimo núcleo pierfranciscano que, además de la citada Resurrección quiza de 1459, encuentra su acme en el *Políptico de la Misericordia* (1454-1455), desmembrado durante bastante tiempo, y hoy recostituido aunque en un marco que no consigue revelar las relaciones esplícitas constructivas y volumétricas de esta obra maestra.

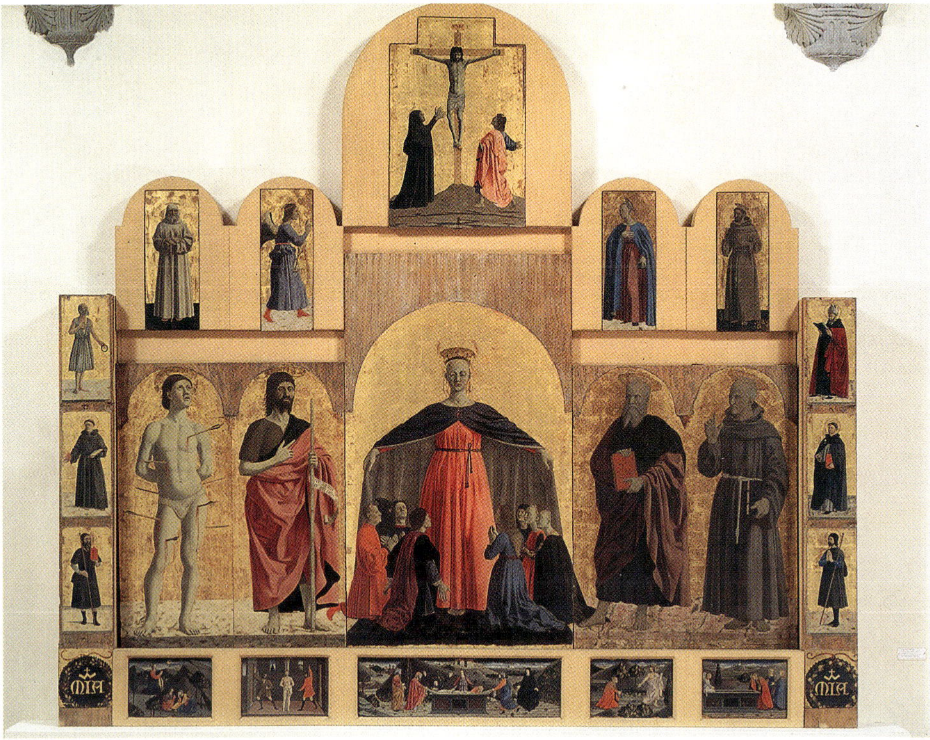

También en este Museo se encuentra un fragmento de fresco que, descubierto en 1955 y procedente del ábside de la iglesia de Sant'Agostino dos años después se desprendió con la demolición del muro de soporte. Puede fecharse tras la estancia romana de piero de 1458-1459. Su colocación actual, aun sin respetar la dimensión y la relación directa, que el fresco establecía con el observador tiene la virtud de valorizar una mirada que absorbe y concentra el núcleo de los valores formales de la obra.

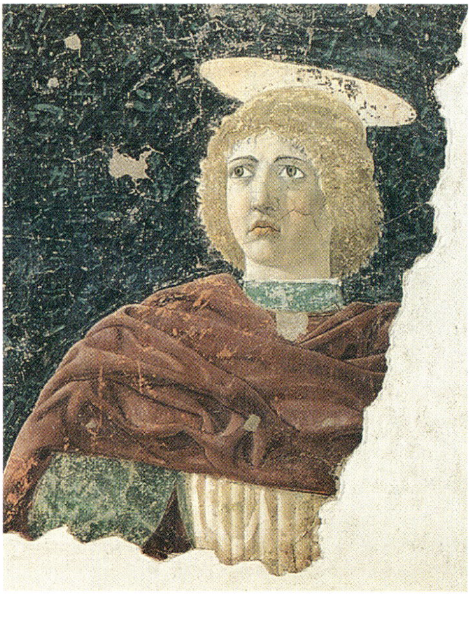

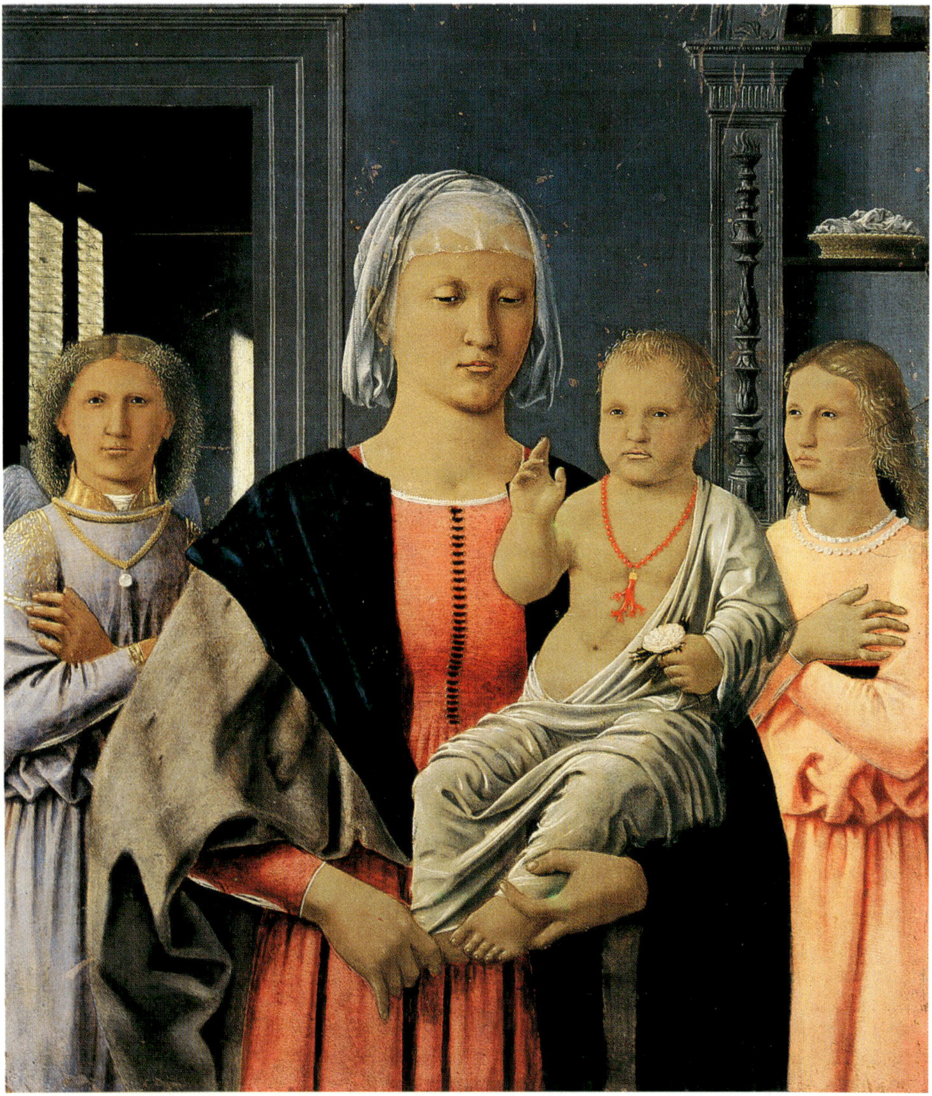

La Madona de Senigallia, *óleo sobre tabla, cm 61 × 53,5, Urbino, Galleria Nazionale delle Marche, Palazzo Ducale.*

Urbino

En el confín de Toscana, cerca del nacimento del Tíber, río que marca otro itinerario fundamental y desgraciadamente perdido el romano, de la actividad de Piero, llegamos, pasando por alto el soberbio retablo perusiano (*Políptico de Sant'Antonio*), a la ciudad de Urbino para admirar las dos obras maestras expuestas en el Palazzo Ducale: *La Madona de Senigallia* y la intelectualísima *Flagelación*. Aquí por fin es posible captar el vértice de ese "clima", todavía vivísimo, gracias al cual, concluida la experiencia crucial de Piero y através de su alumno Giovanni Santi, Raffaello de Urbino decenios más tarde volvería a proponer en toda Europa la transformación de la experiencia artística pierfranciscana aceptando pintar, en Roma, aquella Sala de la Signatura que contenía todavía los frescos de Piero della Francesca

La Flagelación, *pintura sobre tabla, cm 58,4 × 81,5, Urbino, Galleria Nazionale delle Marche, Palazzo Ducale.*

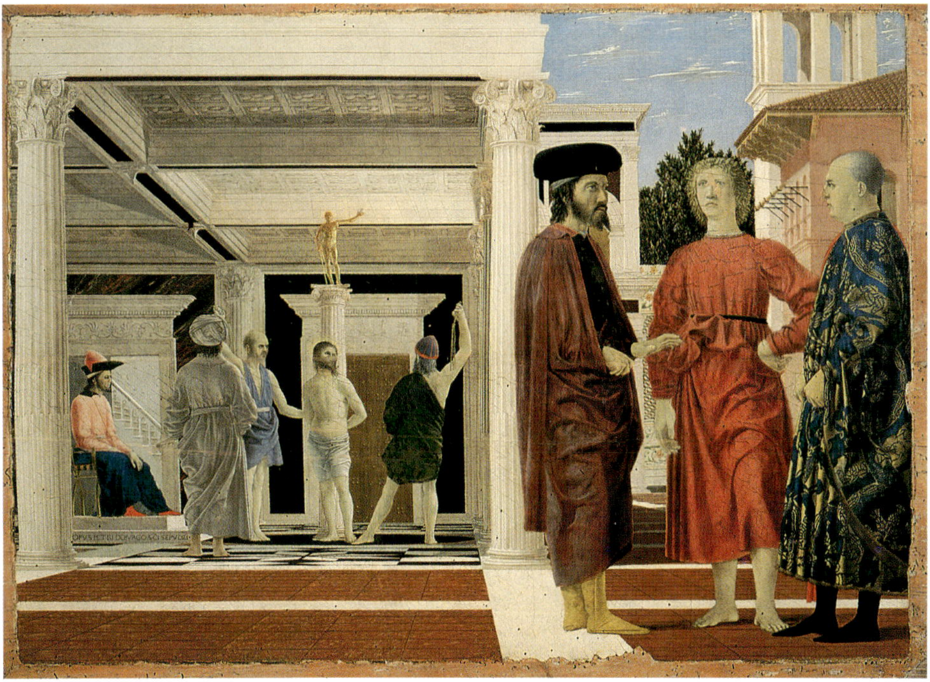

Cronología

1430	Trabaja en Sansepolcro
1437-1438	Trabaja en Perusia
1439	Trabaja en Florencia
1445	Estipulación del contrato para el *Políptico de la Misericordia*
1445-1450	Trabaja en Ferrara, en Le Marche y en Loreto
1448	Sustituye a Bicci di Lorenzo para la realización de los frescos de San Francesco en Arezzo
1450	Visita Roma *San Gerolamo*
1451	Trabaja en Rimini representando en un fresco *San Sigismondo* y *Sigismondo Pandolfo Malatesta* Pinta la parte central del *Bautismo de Cristo*
1452-1455	Termina los frescos de San Francesco
1455	Vuelve a ser llamado para terminar el *Polittico della Misericordia* *Flagelacion*
1458-1459	Está en Roma y trabaja en los frescos del Vaticano
1460	Retrato de *Sigismondo Pandolfo Malatesta* *Políptico de sant'Agostino*
1465-1466	Termina el ciclo de frescos sobre la *Leyenda de la Vera Cruz*
1468	Pinta el estandarte de Arezzo
1469	Está en Urbino como huesped de Giovanni Santi *Políptico de Sant'Antonio*
1470	Dedica a Federico da Montefeltro el tra tado sobre la perspectiva
1469-1472	*Retablo Montefeltro*
1472 ca	*Natividad* para la capilla de Franceschi (hoy en Londres N.G)
1473	Díptico de los Uffizi
1475 ca	*Políptico de Perusia*
1475-1476	*Madona de Senigallia*
1492	Es sepultado en la capilla familiar

Bibliografía

R. Longhi, *Piero della Francesca*, Roma 1927, reeditado y aumentado en *Opere complete*, vol. III, Firenze 1963.

A. Focillon, *Piero della Francesca*, [1934-1935], Paris 1952.

K. Clark, *Piero della Francesca*, London-New-York 1969[2].

E. Battisti, *Piero della Francesca*, Milano 1971.

C. Ginzburg, *Indagini su Piero*, Torino 1981.

L. Bellosi (a cura di), *La pittura di luce. Catalogo della mostra*, Firenze 1990.

A. Paolucci, *Piero della Francesca. Catalogo completo*, Firenze 1990.

C. Bertelli, *Piero della Francesca*, Milano 1991.

Con ocasión del quinto centenario de la muerte de Piero della Francesca el "Centro Piero della Francesca" ha organizado algunos convenios y varias muestras.

impreso
en octubre 1998
en Media Print, Livorno
por
sillabe